Lustige Malgeschichten für die Kita

BRIGITTE WILMES-MIELENHAUSEN

Lustige Malgeschichten für die Kita

Mit Illustrationen von Julia Kaergel
und Katja Jäger

HERDER
FREIBURG · BASEL · WIEN

Brigitte Wilmes-Mielenhausen ist Erzieherin und Diplompädagogin, Spiel- und Theaterpädagogin, langjährige Fachbereichsleiterin an einer Familienbildungsstätte, Heilpraktikerin für Psychotherapie und seit vielen Jahren Fachbuchautorin.

überarbeitete Neuauflage 2022

www.herder.de

Gesamtgestaltung: Sabine Ufer, Leipzig
Illustrationen: Julia Kaergel, Dersau
Coverillustration: Katja Jäger, Moers
Lektorat: Caroline Baumer, Freiburg

Herstellung: Graspo CZ, Zlín
Printed in the Czech Republic

ISBN 978-3-451-39303-7

Vorwort

„Punkt, Punkt, Komma, Strich, fertig ist das Mondgesicht."

Die meisten Kinder lieben Reime – und Malreime besonders. Sie vermitteln Freude an Sprache und am Sprechen und fördern die phonologische Bewusstheit (Wörter in Silben gliedern, Reime erkennen, Laute heraushören). Da Kinder mit ihnen außerdem spielerisch die Grundelemente der Schrift erfahren, kann ein frühzeitiges Üben der Grafomotorik ein späteres Lesen- und Schreibenlernen erleichtern.
Die lustigen Malreime und Malgeschichten in diesem Buch wenden sich an Kinder, die mit Begeisterung malen, aber auch – und gerade – an Kinder, die zunächst wenig Interesse am Stiftgebrauch zeigen oder das Malen gezielt vermeiden. Beim Ausprobieren erfahren sie, dass jeder und jede malen kann und nicht nur grobmotorische Spiele Spaß machen. Die grafomotorischen Angebote sollen darum in erster Linie Freude bringen. Damit sie auch bei unerfahrenen Kindern schnell zu Erfolgserlebnissen führen, helfen die spielerischen Vorübungen im Buch.

So wirken Malreime und -geschichten auf Kinder

Da Auge und Hand zielgerichtet zusammenarbeiten müssen, ist bei den Malreimen und Malgeschichten Koordination und Konzentration gefragt. Die Malreime erfordern außerdem die Abstimmung von rhythmischer Sprache und den Bewegungen des Stiftes, was die Aufmerksamkeit der Kinder schult und das Gedächtnis unterstützt. Durch Wiederholungen prägen sich die Reime ein, können später selbstständig wiederholt und zu Hause weiter eingeübt werden. Auch entspannen Malreime und wirken sich allgemein sehr positiv auf die Psyche aus.
Die Malgeschichten fördern besonders die Fähigkeit zuzuhören und regen die Fantasie an. Im Vergleich zu den rhythmischen Malreimen erhalten die Kinder durch die vom Sprechrhythmus losgelöste Strichführung mehr gestalterische Freiheit. Dabei üben sie nicht nur grafomotorische Grundformen ein, viele Malgeschichten eignen sich auch als lustige Geburtstagsspiele.

Tipps zur Umsetzung

Kinder malen in ihrer Entwicklung zuerst Kreise, dann Vierecke und später Dreiecke. Wenn die Spielleitung ein paar Kniffe beherzigt, können auch jüngere Kita-Kinder schon Linien, Formen und sogar etwas Gegenständliches erschaffen:

- Unerfahrene und jüngere Mädchen und Jungen experimentieren zunächst frei mit dem Stift. Später kann die Spielleitung zunehmend auf die „korrekte" Handhabung des Stiftes hinweisen. So prägen sich Fehlhaltungen nicht unnötig ein. Bei einigen Formen kann die Spielleitung Hilfspunkte einzeichnen (z.B. bei einem Dreieck 3 Punkte markieren, die dann von den Kindern verbunden werden). Bei Kreisen oder Spiralen empfiehlt es sich manchmal, die Spur-Richtung durch Pfeile zu markieren.
- Vorschulkinder profitieren von konkreten Maltipps, wie z. B.: bei Linien erst die waagerechte bzw. senkrechte Linie zu üben, später erst die Diagonale.
- Gerade Linien bei rechtshändigen Kindern sollten möglichst auf der linken Seite beginnen – entsprechend der Schreibrichtung.
- Kreise sollten gegen den Uhrzeigersinn gespurt werden (später wichtig für die Anbindung von Buchstaben in der Schreibschrift). Linkshändige Kinder malen hingegen im Uhrzeigersinn.
- **Ganz wichtig:** Die Präferenz für die linke oder rechte Hand ist angeboren. Keine Versuche der „Umerziehung"!

Stift & Papier

Damit Kita-Kinder entspannt und locker malen können, benötigen sie das richtige Werkzeug:

- dicke Buntstifte, Bleistifte, Wachsmalstifte, Kreiden, Gelstifte (ein dicker Stift kann meist mit weniger Muskelkraft gehalten werden als ein dünner)
- Stifte mit weichen Mienen
- evtl. Griffhilfen zum Aufstecken
- DIN-A4-Papier oder größer, evtl. farbiges oder kariertes Papier

Normales Papier ist zu langweilig? Untergründe wie Tafeln, Straßenpflaster, Sand oder Schnee eignen sich ebenfalls zum Malen. Damit ist Winter wie Sommer, drinnen und draußen Malvergnügen garantiert!

Viel Freude beim Sprechen, Reimen und Malen
wünscht euch/Ihnen
Brigitte Wilmes-Mielenhausen

Inhalt

1. Schwingen, kritzeln, lockern: Vorübungen

Manchmal haben Kinder eine erhöhte Muskelspannung in Hand, Arm, Schulter und Nacken, wenn sie mit Stiften umgehen. Sie halten den Stift verkrampft oder drücken zu fest auf. Hier helfen allgemeine Schwung- und Lockerungsübungen. Spielerische Übungen zum Pinzetten- und Drei-Punkte-Griff erleichtern eine sichere Stiftführung zusätzlich und fördern eine entspannte Haltung beim Malen und Schreiben.

Im Drei-Punkte-Griff wird der Stift zwischen Zeigefinger, Mittelfinger und Daumen gehalten. Der Stift liegt parallel zum Zeigefinger auf dem Mittelfinger und der Daumen hilft beim Lenken der Bewegung. Unterarm und Handgelenk bzw. Handaußenkante liegen möglichst auf dem Tisch auf.

... los geht's mit den lustigen Vorübungen!

Der Drei-Punkte-Griff

Material: weiche Stifte, Papier

Spielbeschreibung: Für eine sichere und entspannte Stiftführung üben die Kinder den Drei-Punkte-Griff ein. Dazu halten sie einen Stift zwischen Zeigefinger, Mittelfinger und Daumen. Der Stift liegt – parallel zum Zeigefinger – auf dem Mittelfinger und der Daumen hilft beim Lenken der Bewegung. Die Kinder können auf diese Weise kritzeln, malen und Schwungübungen ausführen.

Die folgenden 2 Spiele vertiefen den Drei-Punkte-Griff:

Das Drei-Finger-Monster

Material: dicke Holzperle (oder Radiergummi), Material zum Greifen und Sortieren (z. B. Bausteine), evtl. Stift, Papier

Spielbeschreibung: Jedes Kind legt eine dicke Holzperle (oder einen Radiergummi) in die Handfläche und hält sie mit dem Ringfinger und mit dem kleinen Finger fest (gegen Handfläche drücken). Die übrigen drei Finger (Zeigefinger, Mittelfinger und Daumen) bilden das gierige „Drei-Finger-Monster", das gefräßig nach Nahrung sucht. Die Kinder versuchen, mit drei Fingern Bausteine und andere Gegenstände zu greifen.

Variante

Nun ergreift das Monster mit drei Fingern einen Stift und beginnt damit, auf Papier zu malen.

Das Krokodil

Material: dicker Stift

Spielbeschreibung: Das Kind legt sich einen Stift auf den Mittelfinger. Dann kommt das Krokodil und schnappt zu (Daumen und Zeigefinger greifen den Stift). Fertig ist der Drei-Punkte-Griff!

Wie wäre es mit einem Spruch dazu?

Der Mittelfinger sagt zum Stift:	Mittelfinger bewegen
„Komm doch mal her, ich brauche dich!"	
Da legt der Stift sich – so wie immer –	Stift auf den Mittelfinger legen
mitten auf den Mittelfinger.	
Das Krokodil, das ist nicht faul,	
es schnappt den Stift mit seinem Maul:	Mit Daumen und Zeigefinger zuschnappen und Stift festhalten
„Happs!"	

Sortierprofis

Material: Papierkugeln, bunte Perlen, verschiedene Nudelsorten, Knöpfe etc., Schälchen, evtl. Würstchen- oder Zuckerzange, Wäscheklammer, Pinzette

Spielbeschreibung: Bei dieser Übung zum Pinzettengriff sortieren die Kinder lustige kleine Gegenstände wie Papierkugeln, Nudeln, Knöpfe oder bunte Perlen mit Daumen und Zeigefinger (Pinzettengriff) in Schälchen. Dabei können sie die Gegenstände nach Form, Farbe, Größe oder ganz eigenen Kriterien sortieren. Hilfsmittel wie eine Zuckerzange, Wäscheklammer oder Pinzette sorgen für Abwechslung beim Sortieren.

Und Action!

Material: großer Bogen Papier, Wachsmalstifte oder Wachsmalblöcke, dicke Buntstifte, Trommel, Gong, Instrumentalmusik

Spielbeschreibung:

- Ein Blatt wird im Kreis herumgegeben. Jedes Kind kritzelt etwas darauf. Das Blatt wird so lange weitergereicht, bis es voll ist.
- Die Kinder singen ein ihnen bekanntes Lied und klopfen bzw. malen dazu rhythmisch mit dem Stift auf Papier.
- Die Kinder klopfen bzw. malen mit dem Stift im Rhythmus zu einem Spruch oder einem Fingerspiel.
- Die Spielleitung spielt auf einer Trommel, die Kinder trommeln/malen im Rhythmus mit Stiften auf Papier.
- Die Kinder malen frei zu einer Instrumental-Musik.
- Stoppen: Eine Malbewegung wird angehalten, sobald die Spielleitung klatscht oder auf einen Gong schlägt (dann wird weitergemalt).
- Stiftfangen: Die Spielleitung „rennt" mit einem Stift über das Papier (Dieb), die Kinder folgen mit ihren Stiften (Polizei) und müssen die Spielleitung fangen. So entstehen Linien.

Formen-Würfel

Material: Styroporwürfel, Filzstift, (groß kariertes) Papier, Buntstifte

Vorbereitung: Die Spielleitung malt mit dem Filzstift auf 5 Seiten des Würfels jeweils eine andere Linie bzw. geometrische Form entsprechend den grafomotorischen Möglichkeiten der Kinder (Kreis, Viereck, Dreieck usw. oder gerade Linie, Wellen, Schleifen, Zickzack usw.). Die sechste Würfelseite bleibt frei.

Spielbeschreibung: Jedes Kind erhält ein Blatt Papier und einen Buntstift. Dann wird reihum gewürfelt. Welches Bild erscheint auf dem Würfel? Wird z.B. eine Wellenlinie gewürfelt, malt das Kind die Wellenlinie auf sein Papier. Bei einem Kreis malt es einen Kreis usw. Erscheint die freie Seite oben, kann das Kind selbst etwas erfinden. So entstehen im Spielverlauf unterschiedliche Formen auf den Malblättern der Kinder.

Mit Schwung

Material: Fingerfarbe, leere Deoroller (mit flüssiger Farbe gefüllt), Tapete, Rasierschaum (evtl. Spiegel), Sand, Schnee (im Winter)

Spielbeschreibung:

- auflockern: z. B. Arme schwingen, Schultern, Hände kreisen, Fingerspiele
- in die Luft malen: z. B. Linien, Kreise und andere geometrische Formen
- freies Malen: mit Fingerfarbe oder alten Deorollern auf Tapete oder mit Rasierschaum auf einen Spiegel
- Spuren hinterlassen: in Sand, Ton oder Schnee (mit Fingern, Stöckchen)

Mit Finger und Stift nachfahren

Material: Papier, Stifte, Krepp-Klebeband, Schmirgelpapier, Knete oder Ton

Spielbeschreibung:

- Die Spielleitung malt eine Linie auf Papier (Wellen, Bogen, Zickzack ...), die Kinder fahren sie mit ihren Stiften nach.
- Die Kinder knüllen ein Blatt Papier zusammen, entfalten es wieder, malen die Knicke und Falten mit einem Stift nach.
- Die Spielleitung klebt Linien (gerade, diagonal, Wellen, Zickzack usw.) mit Krepp-Klebeband auf den Boden. Die Kinder fahren die Linien mit einem Finger nach.
- Die Spielleitung malt mit einem weißen Stift Linien (Wellen, Zickzack usw.) auf Schmirgelpapier. Die Kinder fahren die Linien mit einem Finger nach und erleben die Linie intensiv mit ihrem Tastsinn.
- Aus Knete oder Ton dünne Würste rollen. Dann Wellen, Spiralen, Schleifen o. Ä. damit legen und die Formen/Linien mit dem Finger nachfahren.

Abpausen

Material: Fotos/Bilder, Klarsichthülle, (Folien-)Stift, Kohle- bzw. Pauspapier, Malpapier

Spielbeschreibung: Die Kinder stecken ein Bild oder Foto, z. B. von einem Tier oder einer geometrischen Form, in eine Klarsichthülle. Dann malen sie die Konturen mit einem (Folien-)Stift nach.

Variante

Indem unter ein Bild oder Foto ein Kohle- oder Pauspapier und darunter wiederum ein Malpapier gelegt wird, kann ebenfalls abgepaust werden. Durch das Nachfahren des Bildes mit einem Stift (bitte kräftig drücken!) werden Linien auf das (zu unterst liegende) Malpapier gezaubert.

2. Der tanzende Stift: Malreime

Vorbereitung & Vorübungen

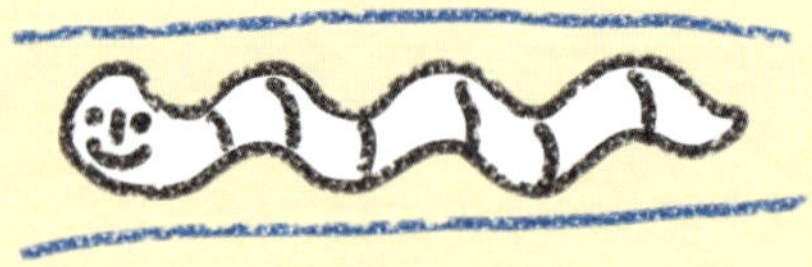

Bei allen Malreimen benötigen die Kinder Papier und einen weichen Stift, der sich gut greifen lässt (s. Vorwort). Die Spielleitung legt dieses Buch als Vorlage sichtbar auf den Tisch. Bei Kindern, die (noch) Schwierigkeiten mit den Malreimen haben, bieten sich allgemeine oder spezielle Vorübungen an:

- allgemeine Vorübungen: Griff- und Lockerungsübungen (s. Kapitel 1) oder das Ausprobieren einzelner Elemente, die in den Malreimen vorkommen (Kreis, Dreieck ...)
- spezielle Vorbereitung: den Reim mit den Kindern zuerst isoliert sprechen, ohne zu malen; währenddessen klatschen, trommeln oder stampfen, um den Sprechrhythmus zu unterstützen

Ablauf

Grundsätzlich gilt: Locker bleiben! Nichts muss perfekt sein und alle unterstützen sich gegenseitig. Beim Malen entwickeln die Kinder ihren individuellen Ausdruck wie bei einer persönlichen „Handschrift". Abweichungen vom Vorgemalten dürfen deshalb als kreative Bereicherung verstanden werden. Bei längeren Versen kann die Spielleitung den Kindern einen Malreim auch in Abschnitten anbieten.

- Nach eventuellen Vorübungen ist das „Modellmalen" (Vormalen) an der Reihe: Dazu steht oder sitzt die Spielleitung am besten frontal vor den Kindern an einer Tafel/Staffelei. Im Einzelfall kann sie auch direkt am Tisch (gut sichtbar für alle) den Malreim zeigen. Sie spricht und malt gleichzeitig, die Kinder beobachten sie dabei.
- Beim nächsten Durchgang sprechen und malen die Kinder zusammen mit der Spielleitung. So können sie sich noch einmal bei der Spielleitung rückversichern bzw. abmalen. Die Kinder sitzen dabei am Tisch; jedes hat ein Blatt Papier vor sich.
- Nach und nach nimmt sich die Spielleitung zurück. Mit genug Übung wird der ganze Reim verinnerlicht und kann selbstständig von den Kindern reproduziert werden, auch zu Hause.

... los geht's mit den lustigen Malreimen!

Lachendes Mondgesicht

Punkt, Punkt,
Komma,
Strich,

Kommt ein
Stern her,

fertig ist das
Mondgesicht.

lacht der Mond
und freut sich sehr!

Gestaltungstipp

Rechtshändige Kinder spuren den Mond möglichst gegen den Uhrzeigersinn, linkshändige im Uhrzeigersinn.
Nachdem die Kinder den Reim beendet haben, können sie einen funkelnden Sternenhimmel zum lachenden Mondgesicht malen. Wie viele Sterne braucht es, damit das ganze Papier strahlt?

Rutschspaß

Heute rutsche ich ganz munter

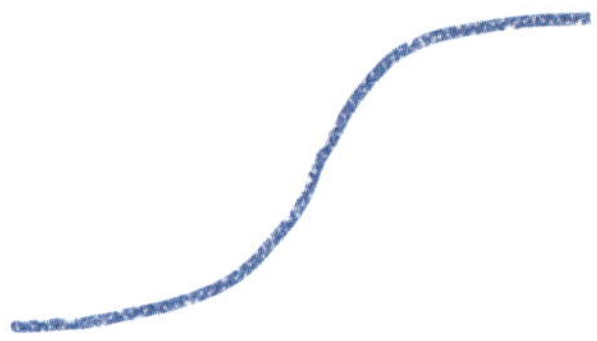

meine liebe Rutsche runter.

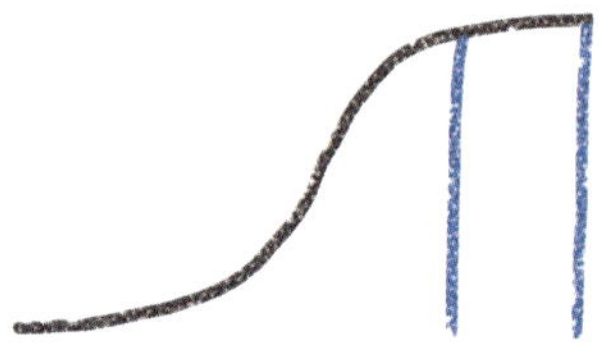

Dann steig ich
auf der Leiter

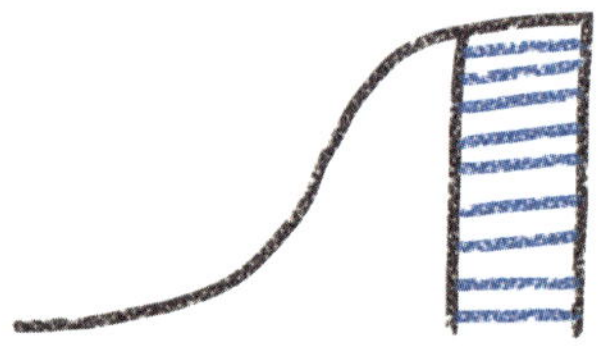

zu-rück nach o-ben,
im-mer wei-ter.

Steh ich oben, rutsch ich munter
meine liebe Rutsche runter!
(Die Kinder legen den Zeigefinger beim ersten Vers oben auf die Leiter und rutschen beim zweiten Vers mit dem Finger die Rutsche herunter.)

Gestaltungstipp

Wo führt die Rutsche hin? In den Sandkasten, auf eine Sommerwiese oder sogar in den Pool? Den Gestaltungsideen der Kinder sind keine Grenzen gesetzt!

Der zauberhafte Regenbogen

Vorbereitung: Die Spielleitung legt die Stifte in der richtigen Reihenfolge auf den Tisch, damit die Kinder den passenden Stift nach jedem Vers sofort greifen können.

Das ist kein Zauber, ungelogen,
das wird jetzt gleich ein Regenbogen.
(Mit der Hand Regenbogen zeigen.)

Einmal Bogen,

zweimal Bogen,

dreimal Bogen,

viermal Bogen,

fünfmal Bogen,

sechsmal Bogen.

Da ist er schon am Himmel oben,
der zauberhafte Regenbogen!

Gestaltungstipp

Besonders schön leuchtet der Regenbogen, wenn Wachsmalblöcke oder Wasserfarben in den Farben Rot, Orange, Gelb, Grün, Blau und Lila verwendet werden. Ein XXL-Regenbogen aus Fingerfarben oder Transparentpapier-Schnipseln an der Fensterscheibe macht auch bei Regen gute Laune!

Zwei wilde Kreise

Vorbereitung: Die Kinder erhalten jeweils zwei Stifte von einer Farbe: einen für die rechte, einen für die linke Hand. Durch Drehbewegungen beider Hände (beide nach rechts, beide nach links oder gegengleich) entstehen Kreise/Spiralen. Die Kinder sollten selbst intuitiv erspüren, welche Richtungen sie bevorzugen. Rechts- und linkshändige Kinder haben unterschiedliche Vorlieben. Vor Spielbeginn können sie die Kreisbewegungen in der Luft ausprobieren.

Zwei wilde Kreise
gehen auf die Reise,
fahren einmal um die Welt,
bleiben dort, wo's gut gefällt.

Zwei wilde Kreise
gehen auf die Reise,
reisen auch zum fernen Nil,
treffen dort ein Krokodil.

Zwei wilde Kreise
gehen auf die Reise,
reisen durch den Wüstensand,
holen sich einen Sonnenbrand.

Zwei wilde Kreise
gehen auf die Reise,
reisen übers weite Meer
und die Fische freu'n sich sehr.

Zwei müde Kreise
beenden ihre Reise,
bleiben still zu Haus,

denn jetzt
ist die
Ge-schich-te aus!

Gestaltungstipp

Sinnliches Vergnügen bereitet eine Pfeifenputzer- oder Knetspirale. Hierfür einfach den Pfeifenputzer-Draht oder Knetwürste zu Spiralen formen und mit den Fingern ertasten bzw. nachfahren.

Mein Lieblingseis

Heute ist es heiß,

deshalb gibt es Eis.

Mit einem Stiel unten dran
fängt das Schlecken an.

Was bisher noch keiner weiß:
Welches ist dein Lieblingseis?
Erdbeer, Vanille oder Schokolade?
Heute kannst du alle haben!
(Die Kinder malen ihr Eis rot, gelb, braun an.)

Gestaltungstipp

Auch ungewöhnliche Ideen sind gefragt. Wer erfindet eine neue Eissorte oder eine besonders lustige Eis-Deko? Es können dazu auch verschiedene Eisbecher oder Eistüten gemalt und gestaltet werden.

Ist Klaus zu Haus?

Das  von Klaus. 

ist  Geh durch die Tür, 

das  be-such den Klaus, 

Haus  denn heut ist Klaus zu Haus. 

Gestaltungstipp

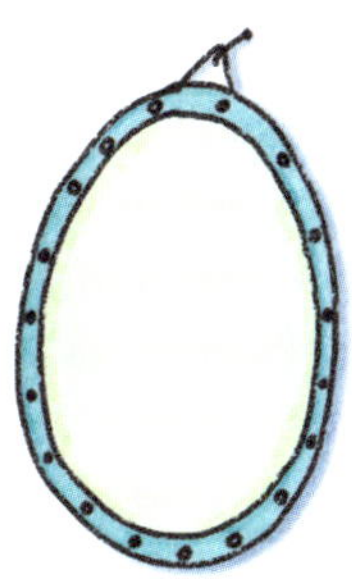

„Wie sieht Klaus wohl aus, und wen seh ich da neben dem Haus?“
Wenn die Kinder Lust haben, können sie Klaus zum Haus in den Rahmen malen.

Schöner, bunter Schmetterling

Körper,
Füh-ler,

Flügel zwei,

Flügel vier
Was wird das
jetzt wohl für
ein Tier?

Was wird das für ein kleines Ding?
Ein schöner,
bunter
Schmet-ter-ling!

„Wohin, wohin?“,
fragt leis der Wind.

Geschwind,
ge-schwind

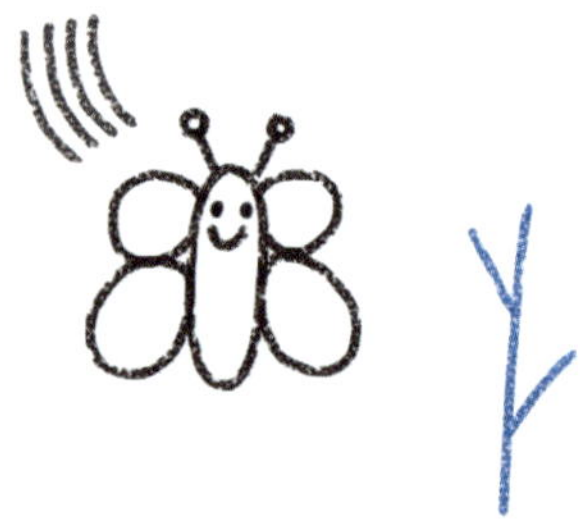

zum Blu-men-kind!

Gestaltungstipp

Lassen Sie die Kinder den Schmetterling farbenfroh mit Stiften oder Wasserfarben ausmalen. Bunte Papierschnipsel mit Klebstoff auf die Flügel zu kleben, unterstützt die Feinmotorik zusätzlich.

Ist das „Banane“?

Was liegt da auf dem Teller rum?

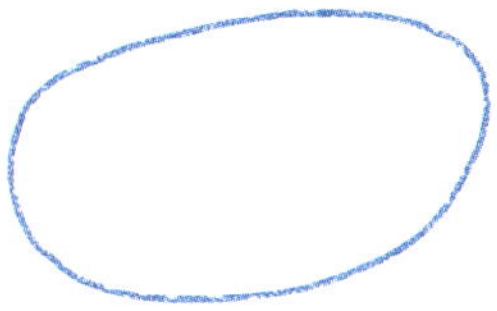

Eine Banane,
lang und krumm.

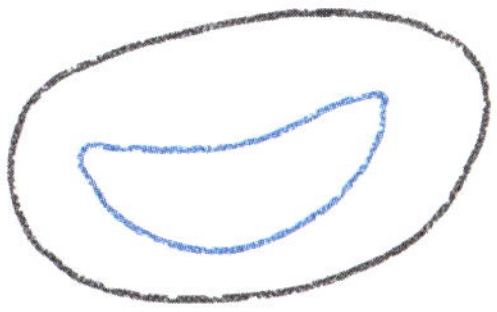

Was fehlt? Ein Stiel!
Mal ihn dran.

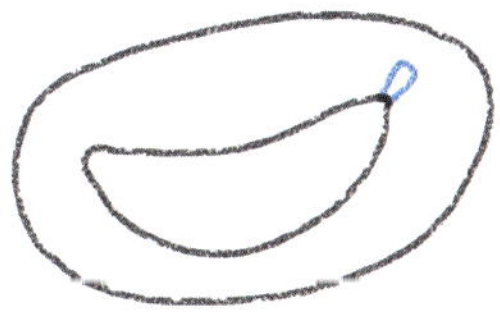

Jetzt ist sie fertig,

guckt her,
lacht dich an!

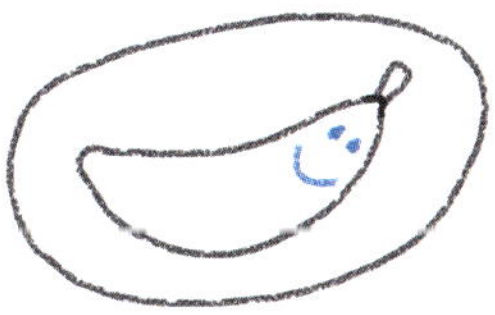

Schau nur, sie wird gelb vor Lachen,
will dir eine Freude machen!
(Die Kinder malen sie mit gelbem Leuchtstift an.)

Gestaltungstipp

Die Kinder können weitere Obstsorten auf den Teller malen. Welche Früchte wollen der Banane Gesellschaft leisten?

Über Stock und Stein

Ein Lenker
zum Halten,

ein Brett
zum Stehen,

zwei Räder
zum Drehen:

So fahr ich über Stock und Stein,

bei Wol-ken
und bei
Son-nen-schein.

Das wundersame Ei

Das ist ein Ei. 

Doch plötzlich: 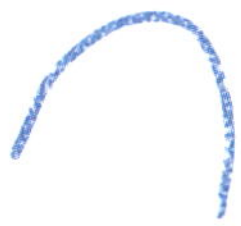

fällt es und geht da-bei ent-zwei 

Was kommt heraus? 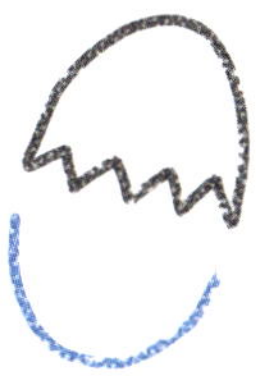

Wie sieht denn das am En-de aus? 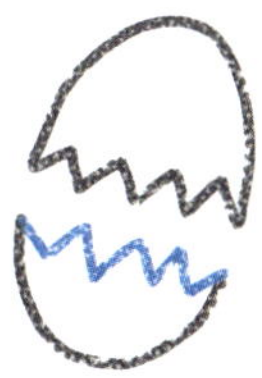

Gestaltungstipp

Wer möchte malen, was aus der Schale guckt?
Ein Spiegelei, ein Küken, ein kleines Krokodil?
Oder vielleicht sogar ein Dinosaurier?
Im Gespräch mit den Kindern sprudeln die Ideen über mögliche Bewohner und Bewohnerinnen des Eis sicher.
Eine ganze Geschichte kann sich z. B. zu Ostern entspinnen, wenn dem Osterhasen das Ei aus dem Beutel kullert.

Meine Geburtstagstorte

Heu-te mal ich

mit ei-ner Bor-te

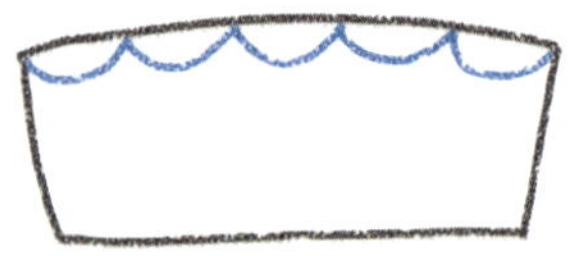

mei-ne
Ge-burts-tags-tor-te

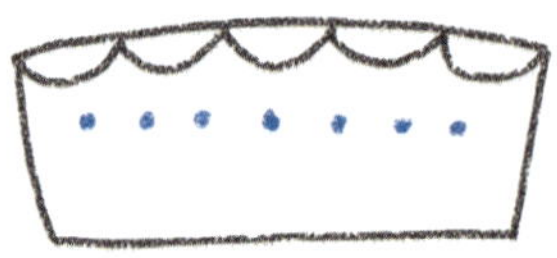

Sie ist ganz bunt
und wunderschön,

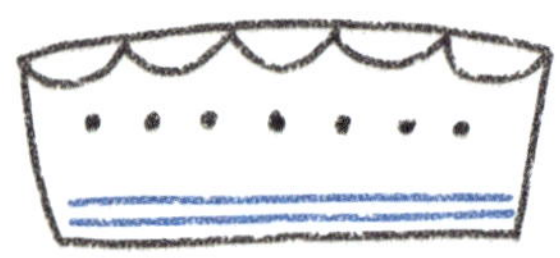

ei-ne Ker-ze

soll drauf stehn.

Gestaltungstipp

Was wäre eine Geburtstagsparty ohne Torte? Der Malreim eignet sich ideal zum Auftakt für eine Geburtstagsfeier und bietet Platz für individuelles Gestalten. Für eine längere Beschäftigung können die Kinder die kleine Torte z. B. mit Glitzerstiften weiterverzieren. Wer Papierreste zur Hand hat, klebt sie als Zuckerguss, Streusel oder Schokolinsen auf die Torte.

Max, der Regenwurm

Max, der leise Regenwurm,

mag gar keinen lauten Sturm.

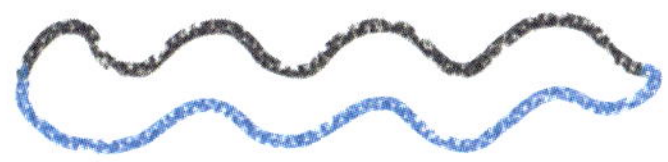

Und kommt der lau-te Sturm,

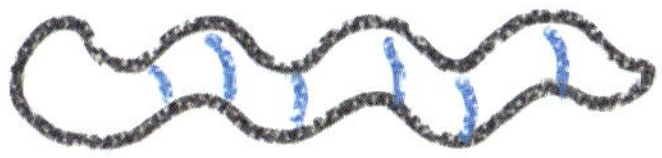

dann sagt der Wurm:

„Ich krieche in die Erde still,
dort kann ich machen, was ich will.“

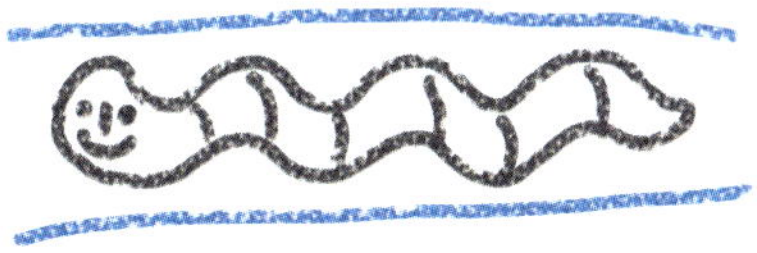

Gestaltungstipp

Max, der Regenwurm, kann noch mehr erleben! Die Kinder haben dazu sicher viele Ideen, z.B.: *„Geht die Sonne am Himmel auf, kriecht Max, der Wurm, wieder hinauf…“* Oder: *„Max, der Wurm, liebt Regentropfen, die auf seinen Rücken klopfen.“*

Fipps, der kleine, freche Floh

Fipps,

der klei-ne, fre-che Floh,

sitzt ver-gnügt im war-men Stroh.

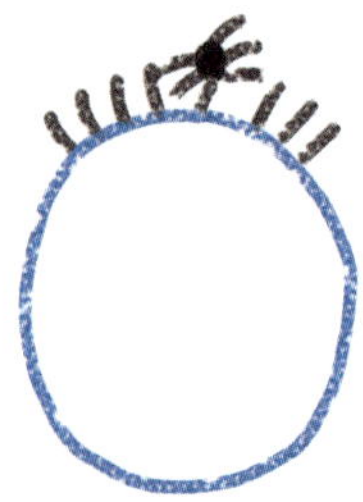

Dann springt er – plopps! –
dem Müller Schmittchen auf den Kopf.

Und Müller Schmittchen, gar nicht froh,
klagt: „Was ist das? Hilfe! Oh, oh!

Jetzt sitzt da Fipps der Floh.“

Gestaltungstipp

Die Geschichte von Fipps wird zum lustigen Fingerspiel, wenn die Kinder den Floh mit zwei Fingern andeuten und ihn dann unter einem Kleidungsstück verschwinden lassen. Bei *„plopps!“* taucht er wieder auf und springt in hohem Bogen auf den Kopf des (Nachbar-)Kindes, das nun über den Floh klagt.

Am seidenen Faden

Und eins und zwei und drei und vier,
eine Spirale mal ich dir.

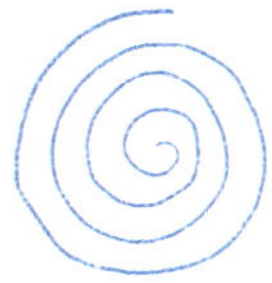

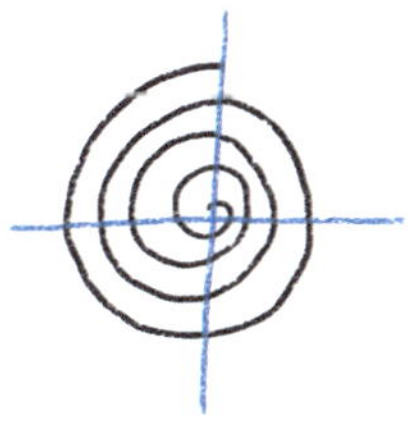

Was wird das wohl,
was ich beginne?

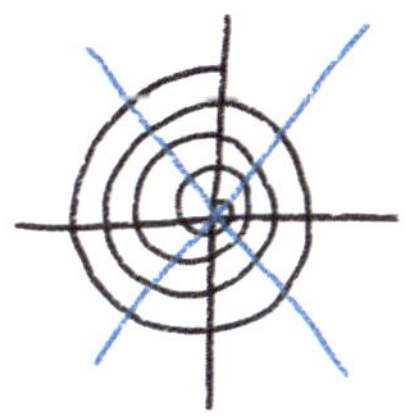

Es wird das Netz
von einer Spinne.

Wo steckt sie nur?
Ach da, sieh an!

Sie hängt am Faden,

spinnt,
so gut sie e-ben spin-nen kann.

Gestaltungstipp

Ein Spinnennetz zum Anfassen und Balancieren entsteht, wenn die Kinder ein XXL-Netz aus Seilen oder Kordeln legen.

Das große Schneckenkriechen

Meine Hand, die malt jetzt hier
eine Spirale aufs Papier.

Sie liegt im Gras, dort vor dem Haus,

doch plötzlich kommt etwas heraus:

Ein Kopf,
Füh-ler,
Hinterteil,
schon kriecht die Schnecke ohne Eil'.

Doch was seh ich? Hat's das schon mal gegeben?
Gleich kommt ihr noch eine Schnecke entgegen!
(Die Kinder beginnen von vorn.)

Gestaltungstipp

Mal-Reim-Neulinge malen lediglich das Schneckenhaus: *„Sieh, das ist ein Schneckenhaus, drinnen schläft die Schnecke aus."*

Schneemann

Punkt, Punkt,
Möh-re,
Strich,

fertig ist das Schneegesicht.

Bauch
und Be-sen,

Knöp-fe,
schicker Hut,
die stehn ihm gut.

Flo-cken tan-zen,
Flo-cken we-hen,
doch der Schnee-mann,
der bleibt ste-hen.

Tatütata

„Tatü...

...tata!“

Die Polizei
fährt vorbei.

Reifen quietschen,

der Aus-puff

macht Krach,
so geht es Tag für Tag
auf Räuberjagd!

Gestaltungstipp

Eine wilde Verfolgungsjagd erleben Kinder, wenn sie mit Kreide oder Wachsmalstiften eine Malspur auf einem Stück Tapete vorzeichnen (Kurven, Schlangenlinien ...) und diese mit der Hand oder einem Spielzeugauto nachfahren.

Piratenschiff

Du wirst es
kaum erraten:

Das
Schiff

gehört

Pi-ra-ten

Sie suchen auf dem
weiten Meer

den Schatz vom

Kla-bau-ter-bär.

Gestaltungstipp

Das Schiff legt an einer Insel an. Dort finden die Seeleute die Schatzkiste, die der wilde Klabauterbär versteckt hat. Was könnte in der Kiste sein? Wer möchte etwas hineinmalen?

Der kleine Fisch

Ein Fisch, der schwimmt im Meer,

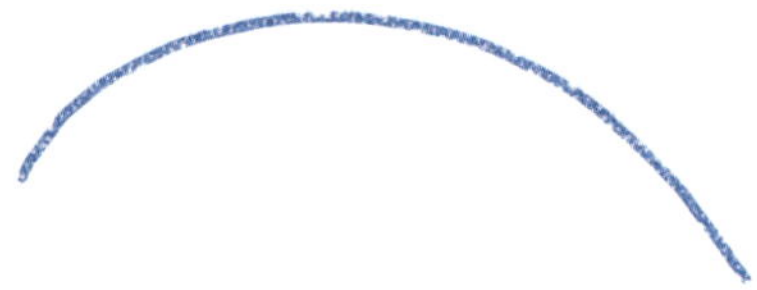

ganz fröhlich hin und her.

Hat
Auge,
Schup-pen,
Schwänzchen

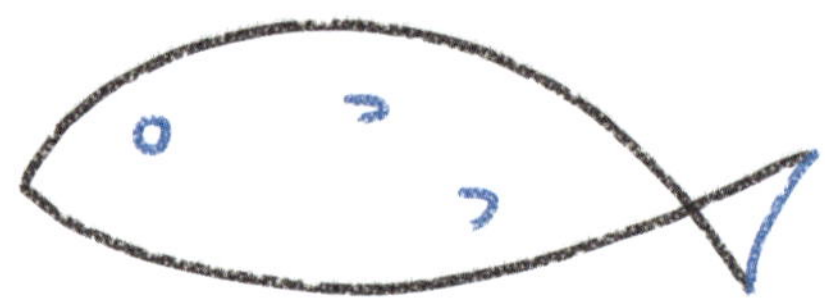

und tanzt ein

Was-ser-Tänz-chen.

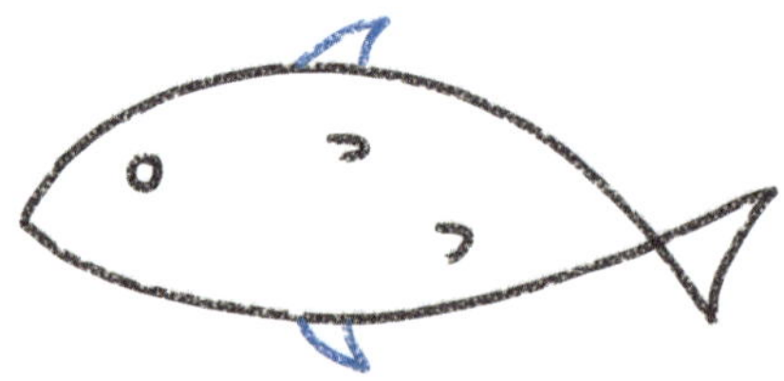

Ein kleiner Fisch, der bleibt nicht einsam,
er schwimmt mit anderen gemeinsam.
Viele Muster, viele Farben
können Meeresfische haben.
(Nach und nach entsteht ein ganzer Fisch-Schwarm.)

Gestaltungstipp

Ob gestreift, gepunktet oder Zickzack – im Meer gibt es Platz für alle Fische! Bunt-, Leucht- und Glitzerstifte zaubern tolle Muster auf die kleinen Meeresbewohner, und aufgeklebte Papierreste sehen wie echte Fischschuppen aus.

Apfel, dick und wunderbar

Was wird das wohl?
Bald ist es klar:

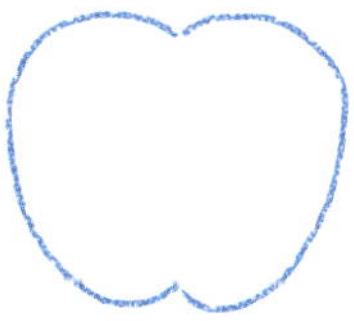

ein Apfel, dick und wunderbar!

Kur-zer Stiel
ein Blatt,

der rote Apfel macht dich satt.

Wer will denn da
ins Apfelhaus?

Sieht wie ei-ne
Rau-pe aus.

Sie schaut ganz

ver-gnügt,

weil sie den dicken, wunderbaren Apfel sieht.

Gestaltungstipp

Nach dem Apfel hat die Raupe immer noch Hunger: *„Wer will denn da ins Birnenhaus? Wer will denn da ins Blätterhaus?“* Irgendwann aber ist sie pappsatt und schläft ein. Und was kommt nach einigen Wochen heraus? Ein schöner, bunter … (s. S. 22).

Glückskäfer

Ein Kreis,

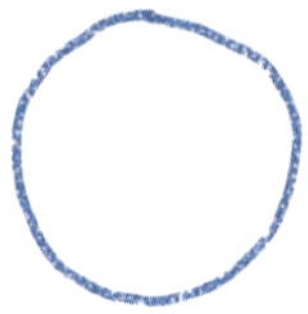

ein Strich,

ein Punk-te-Kleid,

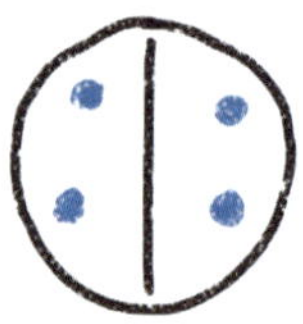

da-zu kur-ze Bei-ne
jetzt zum Lau-fen be-reit,

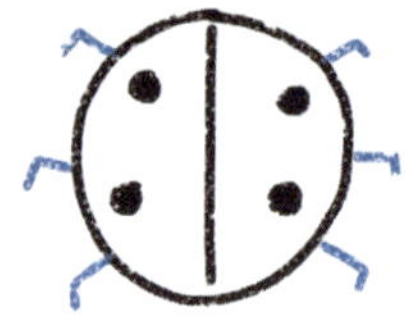

ein Kopf,
zwei An-ten-nen,
so kann der Glückskäfer
durch den Garten rennen!

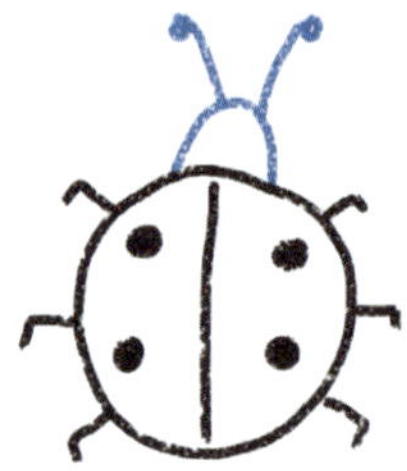

Gestaltungstipp

Glückskäfer lassen sich auch ganz leicht mit Kartoffeldruck herstellen. Dazu Kartoffelhälften mit roter Farbe einstreichen, auf ein Papier drucken und nach dem Trocknen mit dem Finger oder Pinsel schwarze Punkte aufbringen. Viele kleine Käferkinder, die mit Fingerdruck aufs Papier getupft werden, leisten den großen Glückskäfern Gesellschaft.

Katzentanz

Punkt, Punkt, Komma, Strich,

fertlg Ist das Tiergesicht.

Dann folgt der Bauch
und dann das Fell.

Jetzt auch Beine
auf der Stell',

Haa-re an der Na-se,
nein, das wird kein Osterhase!

Und noch Oh-ren
und 'nen Schwanz,
so geht die Katze froh zum Tanz.

Gestaltungstipp

Die Kinder malen auf einen separaten Bogen Papier, wie die Katze tanzt, z. B. mit lockeren Bogen, Wellen oder Kreisen. Wer kennt dazu ein Tanzlied?

Drachenzeit

Hurra,
es ist

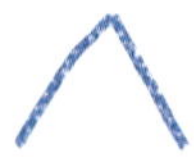

Sturm-zeit!

Der Dra-chen
fliegt gar hoch
und auch weit,

Au-gen, Mund
und ein Schwänzchen,
er tanzt Dra-chen-Tänz-chen.

Er spielt
Fan-gen
mit der
Vogel-schar

und ruft ganz laut:
„Der Herbst ist da!“

Gestaltungstipp

Um den Kindern die Orientierung zu erleichtern, kann die Spielleitung die 4 Eckpunkte des Drachens vorzeichnen. Dadurch brauchen die Kinder nur noch die Punkte zu verbinden.

Puh, was stinkt hier so?!

Einfacher wird der Malreim, wenn die Kinder das Müllauto auf kariertes Papier malen.

Gro-ßer Kas-ten

mit Füh-rer-haus:

Sieht so ein Müllauto aus?

Hier ein Fens-ter,
da-zu Strei-fen
und dicke Relfen.

Die Ton-ne wird ge-leert,

bevor das Auto weiterfährt.

Vorsichtig mit Gewippe
geht es dann zur Abfallkippe.

Gestaltungstipp

Puh, was stinkt hier so?! Die Kinder gestalten ein Müllbild, indem sie aus bunten Papierresten einen großen Müllberg aufkleben.

Auf der Baustelle

Drei Rä-der

und ein langes Band,

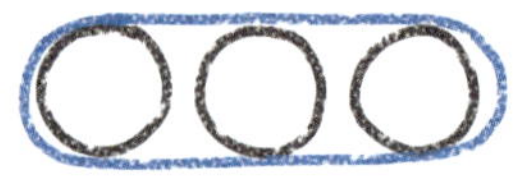

ein Füh-rer-haus:
Wird da ein Bagger draus?

Da ein Fens-ter,
Arm und
Schaufel noch,

der Bagger gräbt ein tiefes Loch.

Was kommt am Ende dabei raus?
Ein großes, buntes ...?

Gestaltungstipp

Die Kinder malen den Bagger farbig an und gestalten die Baustelle weiter: Wie sieht die Umgebung aus? Was wird gebaut?

Wer fährt mit?

Das neue Auto, das fährt spitze!

Dicke
Reifen,

Schei-ben,
Sit-ze.

Wer steigt da wohl als Fahrer ein?

Das kann
doch
nur ...

... der Kasper sein.

Gestaltungstipp

Nicht nur der Kasper macht gern eine Spritztour. Zum Glück lässt sich der Reim beliebig abwandeln: *„Wer steigt da wohl als Fahrer ein? Das kann doch nur der/die ... sein!“* Und welches Kind mag als Beifahrer oder Beifahrerin hinten einsteigen (*„Wer steigt da wohl als Beifahrer ein? Das ...“*)? Vielleicht passt sogar ein Koffer oder ein Haustier mit hinein.

Wie sich Tiere fortbewegen

Vorbereitung: Die Spielleitung zeigt die Tierbewegungen an einer Staffelei oder Tafel und spricht den Vers dazu. Die Kinder ahmen die Bewegungen nach – erst mit der Hand oder dem Stift in der Luft, später mit einem Blei- oder Buntstift auf liniertem Papier.

Die **Biene**, die fliegt hoch und runter, dreht ihre Schleifen froh und munter.

Der **Ha-se**, der hüpft auf und ab, schau es dir an, er macht nicht schlapp.

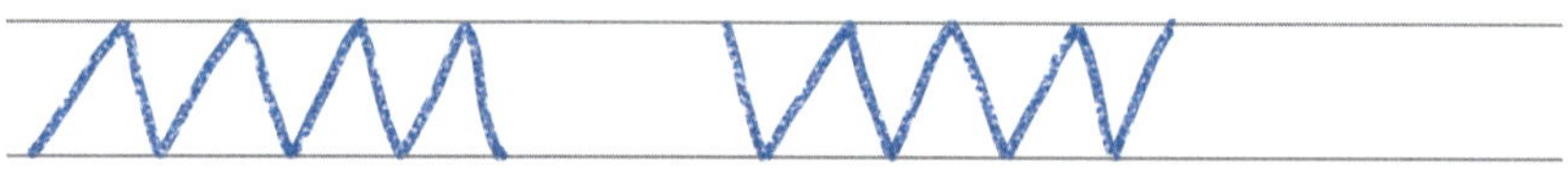

Der **Fisch**, der schwimmt mit einer Welle und kommt dabei gut von der Stelle.

Der **Bär** tanzt froh im Kreis herum, erst rechts, dann links, dann fällt er um.

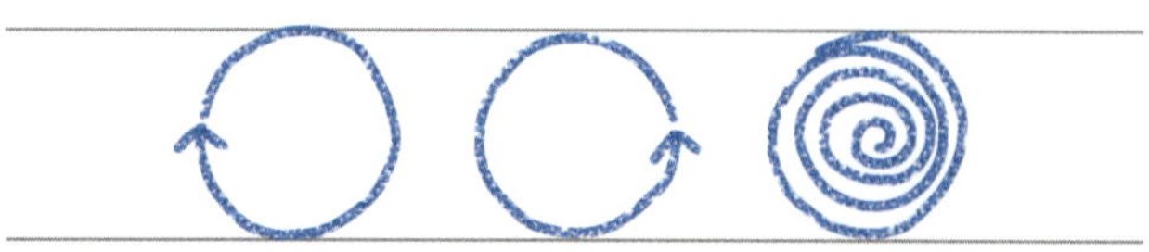

Die **Schnecke** kriecht 'ne lange Strecke entlang an einer grünen Hecke.

Jonny, das Pony

Ein Kopf,
ein Hals,
ei-ne Mäh-ne.

Spit-ze Oh-ren,
Maul,
versteckte Zähne.

Nasen-löcher,
Augen-paar:

Das wird ein Pferd,
ja, ist es wahr?

Ein Bauch,
ein schi-cker Schweif
und vier Bei-ne,

die springen über viele Steine.

Schon steht auf der Wiese das Pony,
mit dem schönen Namen Jonny.

Was fehlt hier noch?
Ein Pfer-de-zaun,

den kannst du für Jonny
einmal bau'n.

Gestaltungstipp

Was findet Jonny auf seiner Wiese? Gras, Blumen oder vielleicht seine Freundin Bonny?

Bis zum Mond

Ein Drei-eck
(mit 3 Punkten andeuten)

mit Spitze,

dazu eine Kapsel,
drin-nen Sit-ze,

Flü-gel,
ganz breit.
Die neue Rakete, die fliegt
schnell und weit.

Eins, zwei, drei, vier, „Feuer!“,
schon geht’s hoch
ins All – zum Abenteuer!

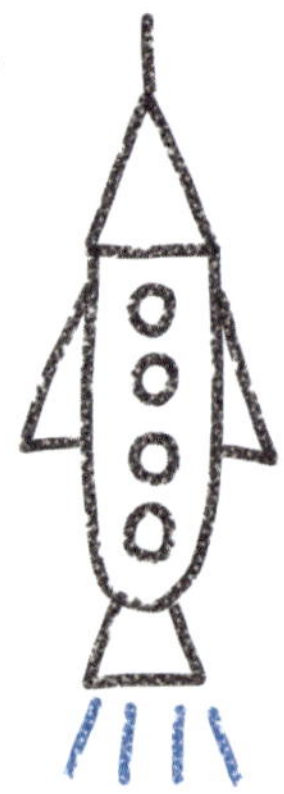

Sonne, ein Mond,
vie-le Ster-ne
war-ten in der
wei-ten Fer-ne.
(erst die horizontale/vertikale Linie, dann die Diagonalen)

Gestaltungstipp

Die fertige Rakete beginnt zu strahlen, wenn die Kinder sie auf hellblauem Karton mit silberner Farbe ausgestalten. Dazu passt das Fingerspiel „Raketenstart“, bei dem Patschen und Trampeln den Start ins All begleiten.

Zauberbaum

Eins, zwei drei,
das ist kein Traum,
so zaubern wir
einen Baum:

Erst kommt ein Kreis,

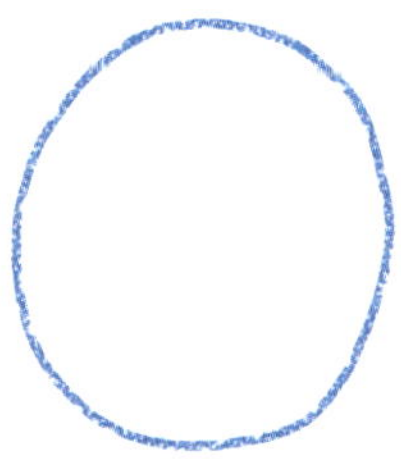

dann
ein Stamm.
Schon steht
der Baum,
sieh ihn dir an!

Was fehlt, sind Blätter, Früchte, Blüten

und Vögel, die in Zweigen brüten.

Male sie geschickt hinein,
dann wird das Bild fertig sein.
(Die Kinder malen Blätter, Früchte etc. in die Baumkrone.)

Gestaltungstipp

Wenn die Kinder mehrere Bäume wachsen lassen, müssen die Baumkronen nicht immer kreisrund sein, z.B.: *„Erst kommt ein Oval/Erst kom-men Äs-te/Ein Drei-eck …“* Schön farbenfroh wird der Wald, wenn die Baumkronen mit Fingerdruck gestaltet werden. Dazu grüne Fingerfarbe auf einen Finger geben und mehrfach auf das Papier drucken. Rote Äpfel können ebenfalls mit Fingerfarbe hineingetupft werden.

3. Wenn Stifte erzählen: Malgeschichten

Vorbereitung & Vorübungen

Um die Geschichten bestmöglich vermitteln zu können, sollten Sie als Spielleitung die Malgeschichten vorab durchlesen oder, noch besser, sie sich selbst laut vorlesen und ausprobieren. Dabei gilt es zu überlegen, in welchem Rahmen die Geschichten realisiert werden können. Da manche Malgeschichten in Gesellschaftsspiele eingebunden sind, sollte die Spielleitung auch die Spielregeln vorher gut verinnerlichen.
Bei der Auswahl der Geschichten spielen neben den Interessen der Kinder ihre Vorerfahrungen, der Entwicklungsstand und eventuell auch der spezielle Förderbedarf eine Rolle. Für den Einstieg reicht eine kurze, einfache Geschichte, die sofort erfasst und umgesetzt werden kann. Später können dann etwas längere Geschichten mit komplexen Aufgaben folgen. Wie bei den Malreimen bieten sich auch bei den Malgeschichten allgemeine Vorübungen an (z.B. geometrische Formen, Linienführung ausprobieren) (s. Kapitel 1).

Ablauf

- Die Spielleitung erzählt die Geschichte langsam und deutlich. Einzelne Passagen kann sie durch Handbewegungen und Gesten unterstreichen. Dabei werden die Geschichten mit eigenen Worten – auch und gerade mithilfe der Kinder – weiter ausgeschmückt.
- Die Kinder malen entweder parallel zur Erzählung (s. „Wetterchaos“) oder danach (s. „Sternputzer“). Je nach Geschichte und Spielregel kann die Spielleitung an der Tafel/ Staffelei oder auf einem Blatt Impulse geben. Ansonsten sollte sie sich aber zurückhalten und den Kindern so viel Freiheit wie möglich geben.
- Bei manchen Malaufgaben wird reihum gewürfelt und abwechselnd gemalt (s. „Farbwürfelmensch“). Diese Spielform lockert auf und fördert die Interaktion in der Gruppe. Die Spielregeln sollten den Kindern jedoch vorher deutlich erklärt werden.

... los geht's mit den lustigen Malgeschichten!

Sternputzer

Material: Stifte, großer Bogen Papier, Knöpfe (oder Muggelsteine), Radiergummi (Textmarker o. Ä.)

Vorbereitung: Die Kinder verteilen Knöpfe auf dem Papier. In eine Ecke wird ein Mondgesicht gemalt (s. „Lachendes Mondgesicht", S. 15).

Jeden Abend wenn es dunkel wird, kurz vor dem Zubettgehen, steigt der Sternputzer in sein kleines, schnelles Mondauto und fliegt den Himmel entlang, vorbei an vielen, vielen Sternen.
Aber was sind schon Sterne, wenn sie nicht strahlen und leuchten, sondern blass und stumpf vor sich hin glimmen? Eine ziemliche Katastrophe! Deshalb steigt der Sternputzer manchmal aus, zieht seinen weichen, samtenen Putzlappen hervor, spuckt einmal darauf und beginnt dann, den Stern zu putzen und zu polieren. So lange, bis er ganz sauber ist und so hell strahlt, dass die Menschen ihn unten auf der Erde am Nachthimmel leuchten sehen können.
Erst wenn der Mond zur Nachtruhe ruft, fliegt der Sternputzer zurück zum Mondhaus, parkt sein Mondauto auf einem Wolkenparkplatz, steigt in sein Bett und schläft zufrieden ein ...

Spielbeschreibung: Ein Kind nach dem anderen spielt den Sternputzer. Das erste Kind schiebt das Mondauto (Radiergummi o. Ä.) über das Papier zum ersten Knopf (Stern). Dann malt (putzt) es rings um den Knopf herum Muster nach eigener Fantasie, z. B. Zacken, Punkte, Kreis o. Ä. Wenn es fertig ist, fährt es mit dem Auto zum zweiten Stern usw. Irgendwann ruft die Spielleitung mit den Kindern: *„Mondgesicht!"* Das ist das Signal, das Putzen zu beenden und zum Mondgesicht in die Ecke zu fliegen und dort das Auto zu parken.
Im zweiten Durchlauf fährt das nächste Kind als Sternputzer mit dem Mondauto und beginnt die Sterne zu putzen (evtl. vorher weitere Knöpfe auslegen). Das Spiel ist zu Ende, wenn alle Kinder an der Reihe waren und das Papier voller Sterne bunt leuchtet.

Autorennen

Material: (Wachsmal-)Stifte in verschiedenen Farben, großer Bogen Papier, Farbwürfel, Augenwürfel, evtl. Spielzeugautos

Vorbereitung: Die Spielleitung malt mit einem dicken Wachsmalstift eine Rennstrecke auf das Papier, z.B. eine liegende Acht, ein Oval oder auch eine Strecke, die in Schlangenlinie verläuft. Anschließend markiert sie Start und Ziel. Wichtig: Die Strecke sollte immer als „Rundweg" gemalt werden, also zum Ausgangspunkt zurückführen.

Spielbeschreibung: Die Spielleitung erklärt den Kindern, dass ein Autorennen stattfindet. Die Wachsmalstifte sind die Rennautos. Die Kinder würfeln reihum gleichzeitig mit zwei Würfeln (1 Farbwürfel und 1 Augen-Würfel). Nachdem ein Kind gewürfelt hat, wählt es den Wachsmalstift in der von ihm gewürfelten Farbe als „Rennwagen" aus (z.B. Rot für ein rotes Auto). Dieser Rennwagen geht an den Start und fährt so viele Runden auf dem Papier, wie Augen gewürfelt wurden (z.B. 3 Runden bei 3 Augen). Dann kommt das nächste Kind an die Reihe und würfelt mit den beiden Würfeln usw. So wird die Strecke immer bunter und breiter.

Auf dem Bauernhof

Material: Stifte, großer Bogen (Alt-)Papier, Spieltiere zum Thema Bauernhof

Vorbereitung: Die Spielleitung legt das Papier auf den Tisch bzw. Boden und stellt eine Kiste mit Tieren dazu. Die Kiste kann mit einem Tuch abgedeckt werden.

Auf einem großen Bauernhof wohnen sehr viele Tiere: Kühe, Schafe, Pferde ... Alle diese Tiere möchten gerne nach draußen auf die Weide, wo leckeres Gras wächst. Damit sie nicht weglaufen, wird für jedes Tier ein Zaun gebraucht. Es können natürlich auch mehrere Tiere einer Art wie in einer Familie zusammenstehen ...

Spielbeschreibung: Die Kinder nehmen nacheinander ein Tier (oder mehrere) aus der Kiste, stellen es auf das Papier und malen einen runden, ovalen oder eckigen Zaum ringsherum. Als Zaunlatten können noch senkrechte Striche oder Bogen, Wellen u. Ä. eingezeichnet werden. Das Spiel ist beendet, wenn alle Tiere auf einer umzäunten Weide stehen.

Gestaltungstipp

Was machen all die Tiere auf dem Bauernhof? Das Malen kann zum Schluss in ein Rollenspiel übergehen, bei dem die Tiere Futter erhalten, sich gegenseitig besuchen und am Ende in den Stall zurückgetrieben werden.

Im Tipidorf

Material: Stifte, Papier

Oh nein, ein schlimmer Sturm hat in der Nacht in einem Tipidorf viele Zelte zerstört. „Wir brauchen neue Zelte", sagt der Häuptling Großer Bär am nächsten Morgen. „Wie gut, dass die Stangen der Zelte noch in der Erde stecken. So müssen wir wenigstens kein neues Holz suchen ..."
Nachdem alle im Dorf die Zelte wiederaufgebaut haben, meint der Häuptling: „Und nun möchte ich Farbe sehen. Malt alle Zelte mit leuchtenden Farben und schönen Mustern an! Unser Tipidorf soll das bunteste und schönste Dorf weit und breit sein."

Spielbeschreibung: Die Kinder malen zwei Linien, die sich oben kreuzen. Unten kommt eine Tür hinein und schon geht es los mit dem Anmalen der Zelte!

Gestaltungstipp

Die Zelte können auch mit farbigen Papierschnipseln aus der Restekiste weiter gestaltet werden. Dazu die Schnipsel mit Klebstoff auf das Papier kleben.

Felizitas, die bunte Schlange

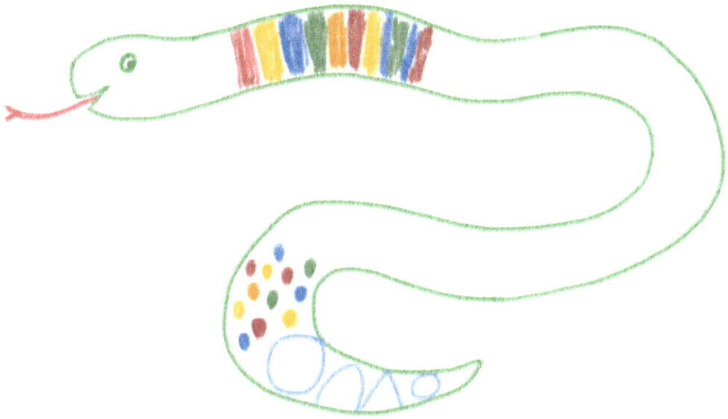

Material: Stifte, Papier, Farbwürfel (oder Karten in den Würfelfarben), evtl. Kärtchen mit geometrischen Grundformen (Kreis, Dreieck ...)

Vorbereitung: Die Spielleitung malt die Umrisse einer Schlange auf das Papier.

Felizitas, die Schlange, liegt gemütlich in der Sonne. Die Sonnenstrahlen wärmen ihre Haut und plötzlich beginnt sie in den schönsten Farben und Mustern zu schimmern und zu leuchten.

Spielbeschreibung: Die Kinder würfeln reihum mit dem Farbwürfel (oder decken Farbkärtchen auf). Sie nehmen – passend zur Würfelfarbe (oder Kartenfarbe) – einen Stift und malen Felizitas einen dicken, senkrechten Streifen. So wird die Schlange im Verlauf des Spiels immer bunter und bunter, bis sie schließlich ganz und gar farbig ist.

Gestaltungstipp

Geübte Kinder malen jeweils eine geometrische Figur (Kreis, Dreieck o. Ä.) auf die Schlange. Dazu eventuell eine Vorlage bereitlegen, wie z. B. Kärtchen mit ausgewählten geometrischen Grundformen.

Papierhände

Material: Stifte, Papier

Vorbereitung: Jedes Kind erhält ein Blatt Papier. Es legt eine Hand auf das Papier und malt mit einem Stift darum herum. Bei jüngeren Kindern kann dies auch die Spielleitung oder ein älteres Kind übernehmen. Dann die Konturen der anderen Hand malen.

Das ist der Daumen,
der schüttelt die Pflaumen,
der liest sie auf,
der trägt sie nach Haus
und der kleine Schelm isst sie alle auf.

Spielbeschreibung: Die Spielleitung spricht die Verse und bewegt ihre Finger passend dazu. Die Kinder malen während des Verses (oder im Anschluss) nacheinander den Daumen, Zeige-, Mittel-, Ring- und kleinen Finger an. Dabei können sie die Konturen nachfahren oder auch die ganzen Finger in frei gewählten Farben ausmalen. Das Spiel mit der anderen Hand wiederholen.

Gestaltungstipp

Die Kinder gestalten die Hand als Handschuh, indem sie bunte „(Strick-)Muster" entwerfen. Oder sie malen auf jeden Finger ein Gesicht. Was könnte aus den Händen noch entstehen? Ein Baum? Eine Blume? Ein Tier?

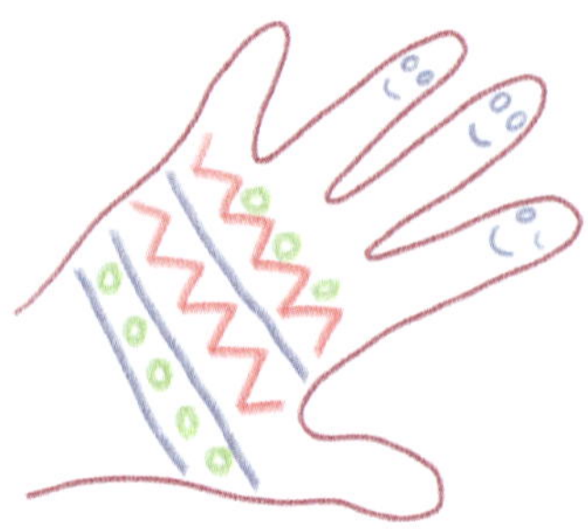

Farbwürfelmensch

Material: Stifte (z. B. Bunt-, Wachsmalstifte, Kreiden etc.), Papier, Farbwürfel

Vorbereitung: Die Spielleitung oder ein Kind malt einen Kopf und darunter einen Bauch.

Spielbeschreibung: Die Mädchen und Jungen würfeln reihum mit dem Farbwürfel. Sobald ein Kind gewürfelt hat, greift es zur entsprechenden Farbe und malt jeweils einen Körperteil – das kann *ein* Punkt sein (Auge), *ein* Bogen (Mund) oder auch *ein* Strich (Haarsträhne, Nase, Arm, Bein).
Als Variante einigen sich alle vorab auf eine Farbe (z. B. Rot). Würfelt ein Kind diese Farbe, darf es eine Malaktion ausführen. Erscheint eine andere Farbe auf dem Würfel, setzt es aus und das nächste Kind ist an der Reihe.

Gestaltungstipp

Die Kinder gestalten so frei wie möglich, auch wenn sich die Figur zum Schluss aus einer Mischung ganz unterschiedlicher Stile und „Handschriften“ zusammensetzt. Auch ungewöhnliche Ideen werden toleriert. Fertig ist der Mensch dann, wenn die Kinder dies gemeinsam beschließen.

Mäusebesuch

Material: (Wachsmal-)Stifte, großer Bogen Papier oder Tapete

Eine kleine Maus wohnt in einem Haus, aber dort ist es ihr viel zu langweilig. Eines Tages sagt sie zu sich: „Ich will raus aus dem Haus und die Welt entdecken!" Und schon huscht sie durch eine geöffnete Tür nach draußen. Doch wo soll sie jetzt hin? Sie denkt: „Bestimmt gibt es noch viele andere Häuser, in denen andere Mäuse wohnen. Die besuche ich!" Die kleine Maus macht sich auf den Weg.

Spielbeschreibung: Alle sitzen zusammen im Kreis oder um einen Tisch. Das Papier liegt in der Mitte. Die Spielleitung nimmt einen Stift und sagt: *„Ich habe eine Maus, die läuft aus dem Haus und besucht den/die …"* Dabei malt sie mit dem Stift eine Linie von sich zum genannten Kind. Dieses spricht nun erneut den Satz *„Ich habe eine Maus, die … besucht …"* und malt eine Linie zu einem neuen Kind. So geht es ringsherum, bis alle mindestens einmal genannt worden sind und auf dem Papier ein schönes Muster entstanden ist.

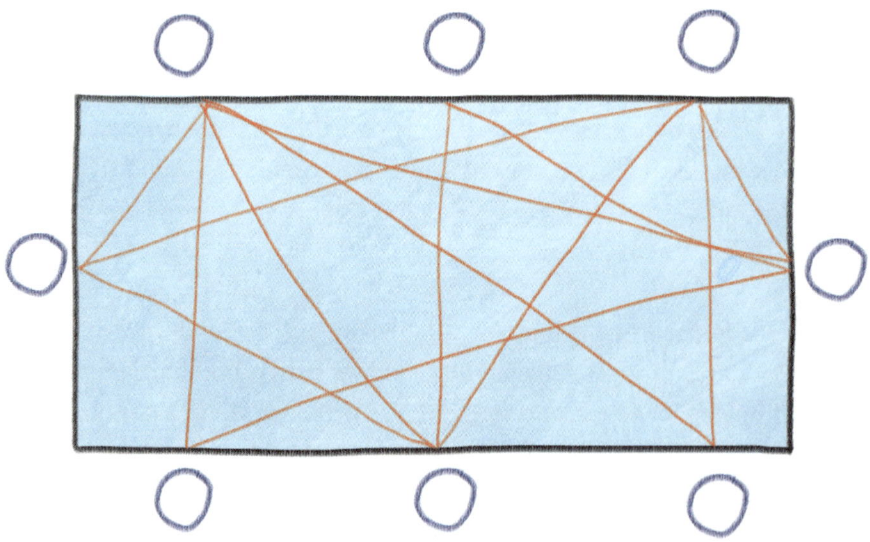

Gespenstertanz

Material: dicke Buntstifte, weiße Papierstreifen (ca. 5 x 7 cm), Klebeband, großer Bogen Papier, Tanzmusik, evtl. Schreibzubehör (Radiergummi, Anspitzer, Lineal u. Ä.)

Vorbereitung: Die Kinder legen mithilfe der Spielleitung einen weißen Papierstreifen rings um das obere Ende des Stiftes, kleben ihn mit Klebeband fest und malen ein großes Augenpaar darauf. Fertig ist der Gespensterstift!

Auf Burg Hohenstein treffen sich um Mitternacht alle Gespenster zu einer Geisterparty. Dort schwirren sie durch die Säle, Hallen, Gänge, Flure und Treppenhäuser. Sie tanzen und kichern, und wer genau hinhört, kann leise Tanzmusik hören. Erst wenn es wieder hell wird, ist der Spuk vorbei und alle Gespenster fliegen in ihre Verstecke zurück.

Spielbeschreibung: Für das Gruppenspiel, das sich auch für einen gruseligen Kindergeburtstag eignet, legt die Spielleitung das Papier auf den Boden. Sobald sich die Kinder einen Gespensterstift ausgesucht haben, beginnt der „Spuk“!
Musik ertönt und die Kinder bewegen ihre Stifte wie bei einem Tanz über das Papier. Plötzlich schaltet die Spielleitung die Musik aus oder dreht sie ganz leise. Flugs halten die Gespenster inne und unterbrechen die Malbewegung. Nachdem die Musik wieder lauter gedreht worden ist, setzen die Gespenster ihren Tanz fort. Diesen Wechsel mehrmals wiederholen. Noch mehr Geschick erfordert der Tanz, wenn Schreibzubehör als Hindernisse auf dem Blatt verteilt wird. Die Gespenster tanzen dann um die Gegenstände herum, ohne sie zu berühren.

Gestaltungstipp

Statt Musik einzusetzen, beginnen die Gespenster zu tanzen, nachdem der Raum halb abgedunkelt wurde. Dann schaltet die Spielleitung plötzlich das Licht an (Deckenlicht oder Taschenlampe). Sofort bleiben die Gespensterstifte wie festgezaubert auf der Stelle stehen. Anschließend folgt wieder Dunkelheit usw.

Wetterchaos

Material: Wachsmalstifte oder -blöcke, großer Bogen Papier

Die Wetterhexe Kunigunde aus dem Hexenwald fliegt auf ihrem Besen durch die Luft.

- Dabei ruft sie: „Huiii, huiii, ich mach **Wind**, ich mach Wind!" (1)
- Dann kreischt sie: „Jetzt mach ich **Blitze**, dass es ganz hell wird!" (2)
- „... und gleich zaubere ich einen **Donner**, laut wie eine Pauke!" (3)

Kurz nach dem Gewitter wird es ganz still ... *(leise sprechen, dann kurze Sprechpause)*

- „Schneeflöckchen, Schneeflöckchen!", flüstert die Hexe – und schon beginnen viele kleine **Schneeflocken** am Himmel zu tanzen. (4)
- Kaum ist das Treiben vorbei, hat sie Lust auf einen richtigen **Regen**. Zunächst fallen nur ein paar Tropfen, aber dann wird der Regen stärker und stärker. (5)
- Nach all dem Wetterchaos geht schließlich wie von Zauberhand die **Sonne** am Himmel auf. (6)

Der Spuk ist vorbei und die Hexe Kunigunde reitet auf ihrem Besen zufrieden in den Hexenwald zurück.

Spielbeschreibung: Das Spiel eignet sich als Einzelbeschäftigung oder Gruppenspiel: Die Spielleitung liest zunächst die Geschichte bis zum Ende vor. Dann wiederholt sie die Geschichte, wobei die Kinder nun an den passenden Stellen (Mal-)Bewegungen auf dem Papier machen. Die Spielleitung kann die Bewegungen in der Luft andeuten. Darüber hinaus sollten die Kinder jedoch auch ganz eigenständige Ausdrucksformen finden:

(1) zum **Wind** über das Papier wischen
(2) bei den **Blitzen** viele Zickzack-Bewegungen malen
(3) zum **Donner** laut klopfen
(4) zu den **Schneeflocken** leise Punkte malen
(5) beim **Regen** erst langsam, dann schneller und lauter malen (Punkte, Striche)
(6) bei **Sonne** einen großen Kreis malen usw.

Das blaue Quadrat

Material: blaue und rote Pappe, Schere, Stifte, kariertes Papier

Vorbereitung: Die Spielleitung oder ein Kind schneidet ein blaues Quadrat und ein rotes Dreieck aus Pappe aus und reicht es den (anderen) Kindern zum Betrachten und Ertasten.

Ein **blaues Quadrat (1)** hing in einem schönen Haus im Wohnzimmer an der Wand. Alle Leute staunten: „So ein schönes blaues Bild ... Nein, wie schön das Blau schimmert ..." Anfangs freute sich das blaue Quadrat über so viele Komplimente. Aber als es sich jeden Tag aufs Neue anhören musste, wie schön es war, fing es an sich zu langweilen. Da sagte es zu sich: „Ich muss weg. Ich will in die Welt hinaus und nicht nur an der Wand hängen." Als es wieder einmal ganz allein im Haus war, schaukelte es so lange hin und her, bis es von der Wand fiel. Dann **sprang es die Treppe hinunter (2)** und hüpfte auf die Straße. Dort **traf es ein rotes Dreieck (3)**. „Willst du mein Freund sein?", fragte das blaue Quadrat das rote Dreieck. „Wir bauen uns zusammen ein **Haus (4)**!" Kaum hatte es das ausgesprochen, da sprang das rote Dreieck oben auf das blaue Quadrat und rief begeistert: „Unser Haus hat ein rotes Dach ..."

Spielbeschreibung: Die Kinder bilden während oder nach der Geschichte die Stationen des blauen Quadrats wie in der Zeichnung unten ab. Die Spielleitung markiert bei Bedarf vorab Hilfspunkte.

Gestaltungstipp

Nun kann das Haus weitergestaltet werden. Vielleicht bekommt es Fenster und eine Tür, vielleicht einen Schornstein und einen Garten mit Bäumen und Zaun darum herum. Und wie sieht das Dorf aus, in dem das Haus steht?

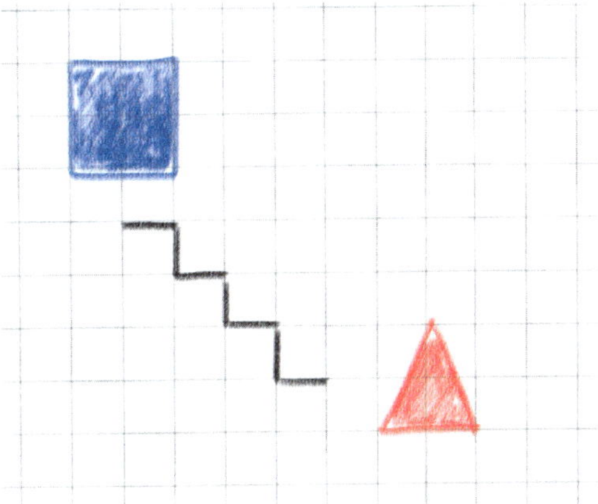

Auf zur Insel!

Material: Stifte, Papier, Büroklammern, Kronkorken (Muggelsteine, Knöpfe o. Ä.)

Vorbereitung: Kreis oder Oval als Pirateninsel malen (das Ziel); darum herum kleine Inseln (z. B. Kronkorken oder Muggelsteine) auslegen.

Auf dem weiten Meer liegt eine große Pirateninsel. Dorthin wollen die Piraten und Piratinnen ihre Beute bringen, um sie zu verstecken. Doch auf dem Weg begegnen ihnen viele kleine Inseln, um die sie mit ihrem Schiff herumsegeln müssen. Das ist nicht ungefährlich, denn auf jeder kleinen Insel könnte der gefährliche Klabauterbär lauern, der hinter dem Schatz her ist …

Spielbeschreibung: Die Kinder suchen sich eine Büroklammer und einen Stift in einer bestimmten Farbe aus. Die Büroklammer verkörpert ein Piratenschiff, das mit einem Muggelstein o. Ä. beladen wird (Beute). Vor Spielbeginn liegen alle Piratenschiffe im Hafen (am Rand des Blattes). Indem die Kinder die Spitze ihres Buntstiftes vorn in die Büroklammer setzen, können sie den Stift über das Papier bewegen – ohne dabei eine der kleinen Inseln zu berühren. Das Startsignal gibt die Spielleitung:

Zuerst fährt das **rote** Schiff im Hafen los. Ist das Schiff auf der Pirateninsel angekommen, lädt es den Schatz dort ab. Dann fährt das **blaue** Schiff los …, dann das **grüne** … usw.

Gestaltungstipp

Richtig viel Spaß macht das Spiel auch an einem Kindergeburtstag. Denn dann transportieren die Piratenschiffe als Beute ausnahmsweise eine Schokolinse oder ein Gummibärchen.

Der fliegende Teppich

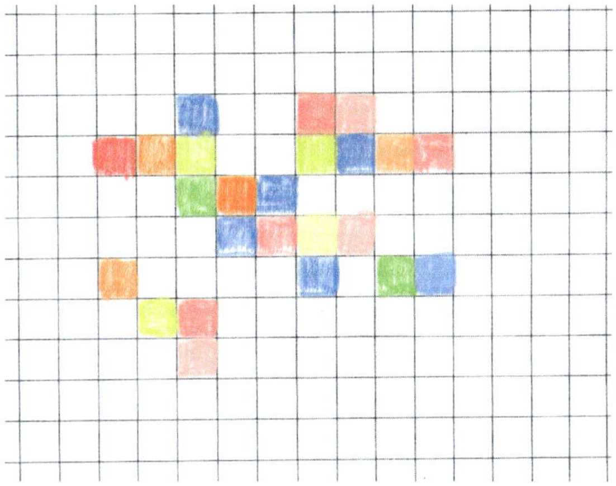

Material: Stifte, groß kariertes Papier in DIN A5 (ausdrucken aus dem Internet und zurechtschneiden)

Ein Sultan saß träge in seinem Palast und langweilte sich. Er hatte einfach zu nichts Lust. Selbst das schnellste Kamel des Landes konnte ihn nicht zu einem Ausflug bewegen.
Da hatte der kluge Großwesir eine Idee: „Ich kenne einen Teppichweber, der macht nicht nur die schönsten Teppiche im ganzen Land, sondern er kann auch einen fliegenden Teppich weben. Ein Teppich, der von allein durch die Luft schwebt, das ist etwas ganz Besonderes." Begeistert sprang der Sultan auf und befahl ihm: „Reise sofort zu diesem Weber und gib einen fliegenden Zauberteppich in Auftrag!" Gesagt, getan. Der Großwesir machte sich auf den Weg zum Teppichweber und bestellte für den Sultan den fliegenden Teppich.
Als der neue Teppich nach vielen Wochen fertig gewebt war, ritt der Sultan auf seinem schnellsten Rennkamel selbst zum Teppichweber. Dort sprang er sofort auf den Teppich, klatschte in die Hände und rief: „Erhebe dich, erhebe dich!" Und tatsächlich: Schon erhob sich der Teppich mit dem Sultan, schwebte durch die Luft und flog über das ganze Reich hinweg. Der Sultan jauchzte vor Freude. Sogar seine Rennkamele blickten staunend in den Himmel.

Spielbeschreibung: Die Kinder „weben" an dem Teppich für den Sultan, indem sie jeweils ein Kästchen mit einem Stift ihrer Wahl farbig ausmalen. Ist das Kästchen ausgemalt, wird das Blatt schnell zum Nachbarkind weitergereicht, das wieder nur ein einzelnes Kästchen anmalt. Das Blatt wird so lange weitergereicht, bis alle Kästchen farbig ausgemalt sind. Das Spiel eignet sich auch als Einzelbeschäftigung.

Gestaltungstipp

Fliegende Teppiche gibt es in allen Formen und Farben! Wer kann z. B. geometrische Muster oder sogar ein Kamel in den Teppich „einweben"? Werden die fertigen Teppiche auf farbige Pappe geklebt, können sie als Wandteppiche die Kita verschönern.

Elias, der bunte Elefant

Material: Stifte, Papier

Elias ist ein kleiner, weißer Elefant. Er lebt mit vielen anderen Elefanten in einer großen Elefantenherde. Eines Tages, als die Sonne besonders hell scheint, geschieht das Wunder:

- Elias bekommt plötzlich **grüne Streifen**. „Ein seltsames Zebra!", rufen die anderen Elefanten.
- Am nächsten Tag sind die Streifen verschwunden, aber dafür hat Elias nun **rote Punkte** bekommen. „Ja, sind wir denn im Karneval?!", rufen die anderen Elefanten.
- Am folgenden Tag sind die Punkte weg, aber nun hat Elias **blaue Wellen** auf dem Körper. „Ein Wellenelefant!", rufen die anderen verwundert.
- Wieder einen Tag später sind die Wellen nicht mehr da, aber dafür hat Elias **gelbe Kästchen** auf der Haut. „Kariert wie ein Schotte!", rufen die anderen Elefanten.
- Zum Schluss wird es **kunterbunt**: Elias hat gleichzeitig Streifen, Punkte, Wellen und Kästchen auf der Haut. „Es wird immer bunter!", rufen die anderen Elefanten. „Aber warum soll die Welt auch grau sein?"

Spielbeschreibung: Die Kinder probieren auf dem Papier Streifen, Punkte, Wellen, Kästchen und zum Schluss ein kunterbuntes Muster aus.

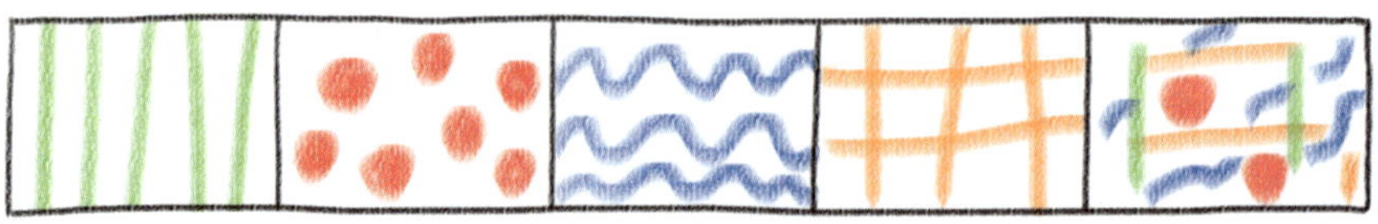

Variante

Die Kinder erwecken Elias, den weißen Elefanten, vor dem Spiel mit einem Malreim zum Leben. Nach der Geschichte (in der sie die Muster geübt haben) malt jedes Kind seinen eigenen Elias nach Lust und Laune bunt an.

Kleiner Kopf,
dicker Bauch,
Rüs sel auch.

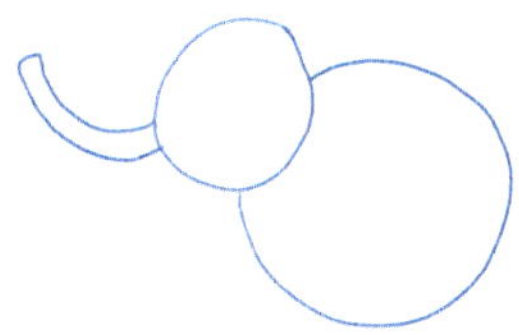

Da-zu noch di-cke Beine,
die stampfen von alleine.

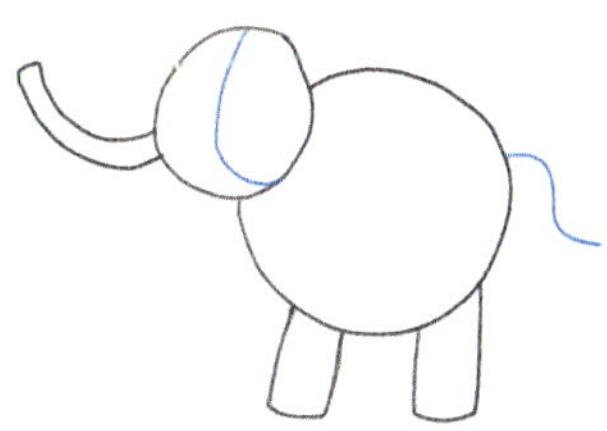

Ein dünner Schwanz
und noch ein Ohr,
er kommt mir
wie Elias vor.

Fußball in Bärenhausen

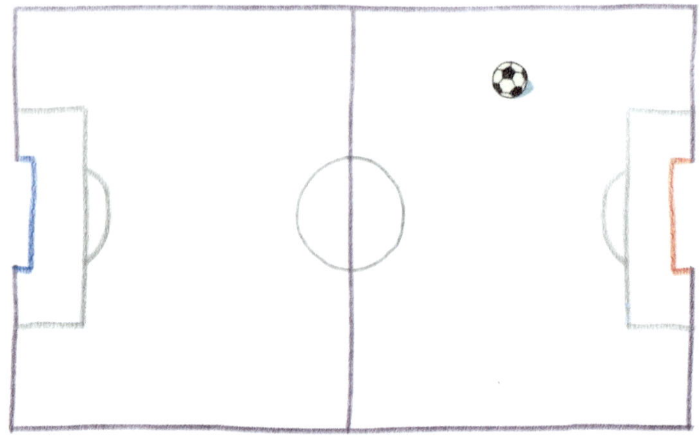

Material: flacher Karton (Ränder evtl. zurückschneiden), rote und blaue Stifte, großes Blatt Papier, Schere, Klebstoff, als Ball Papierkugel, Murmel o. Ä.

Vorbereitung: Die Spielleitung klebt ein großes Blatt Papier auf den Boden des Kartons. In die Mitte malt sie einen Kreis und zieht eine waagerechte Linie hindurch wie bei einem echten Fußballfeld. Für das Tor schneidet sie vorn und hinten ein Fenster in den Rand des Kartons (evtl. um ein Tor einen roten, um das andere einen blauen Rahmen malen).

Im Bären-Kindergarten gibt es heute ein Fußballspiel. Die Blaubären spielen gegen die Rotbären. Die Mannschaften laufen ein. Die Blaubären tragen ein blaues Trikot, die Rotbären ein rotes. Der Schiedsrichter legt den Ball in die Mitte und pfeift das Spiel an. Los geht's!

„Blaubären, Blaubären!", ruft ein Teil des Publikums. „Rotbären, Rotbären!", rufen die anderen. Da schießt der Stürmer Blauhans auf das Tor und ja, der Ball ist drin. „Tor, Tor!", jubeln die Zuschauer und Zuschauerinnen und springen in die Höhe. Doch es geht weiter. Jetzt sind die Rotbären am Zug. Der schnelle Rotfuchs nimmt Anlauf und zielt direkt aufs Tor. „Tor, Tor!", feiert die Tribüne den Ausgleich.

Das Spiel endet unentschieden. Niemand hat verloren. Deshalb feiern beide Mannschaften am Ende zusammen mit Blaubeerkuchen für die Blaubären und rotem Kirschkuchen für die Rotbären.

Spielbeschreibung: Als Vorübung dürfen die Kinder den Ball mit zwei Fingern Richtung Tor schnipsen. Dann wählt ein Kind einen roten Stift, das andere einen blauen. Die Kinder setzen die Spitzen ihrer Stifte in die Mitte des Blattes (Kreis). Dort wird auch der Ball hingelegt. Nun geht es darum, den Ball mit dem Stift anzustoßen und ins Tor zu bringen. Dabei setzen die Kinder die Spitze des Stiftes gezielt beim Laufen und Schießen auf das Blatt. So entstehen farbige Spuren auf dem Papier.

Nikolausschlitten

Material: Papier, Stifte (2 dünne Stifte mit Klebeband zusammenbinden)

Vorbereitung: Die Spielleitung kann mit den Kindern besprechen, welche Spuren es im Schnee zu entdecken gibt, z. B. von Schuhen, Autos, Tieren, Skiern.

Heute hat es frisch geschneit. Kevin entdeckt im Schnee eine Spur: zwei Striche, die nebeneinander verlaufen. Ein Auto? Nein, die Striche sind viel dünner. Aber was dann? Und wohin führt die Spur wohl? Neugierig geht er der Spur nach, Schritt für Schritt, und dann steht er plötzlich an einem Haus, vor dem ein großer, hölzerner Schlitten parkt. Da geht die Tür auf und ein Mann mit einem langen, weißen Bart kommt heraus. Er trägt eine rote Mütze auf dem Kopf, dazu einen roten Mantel und schwarze Stiefel. Als der Mann Kevin erblickt, begrüßt er ihn freundlich: „Hallo Kevin", sagt er mit dunkler, warmer Stimme. „Warte, ich habe eine Überraschung für dich." Er öffnet den Jutesack, den er bei sich hat, und zieht einen dicken Lebkuchen hervor. Der ist aus Schokolade und übersät mit vielen bunten Zuckerperlen. „Danke", stammelt Kevin. „Bist du etwa der Nikolaus?" – „Pssst", antwortet der Mann mit dem weißen Bart, „das ist ein großes Geheimnis." Kevin winkt dem Mann mit dem roten Mantel nach und sieht dabei, wie er den Schlitten durch den Schnee zieht. Der Schlitten hinterlässt eine deutliche Spur, während der Mann immer kleiner und kleiner wird und schließlich in der Ferne verschwindet.

Spielbeschreibung: Wie sieht die Spur vom Nikolausschlitten aus? Die Kinder malen mit den zusammengebundenen Stiften doppelte Linien kreuz und quer über das Blatt. Wer schafft es, gleichzeitig rechts und links einen Stift in die Hand zu nehmen und damit eine parallele Schlittenspur zu zaubern?

Gestaltungstipp

Vorsicht, da rechts steht eine Tanne und links ein großer Schneemann! Die Kinder ergänzen das Bild mit einer Schneelandschaft aus Tannen, Schneeflocken usw. Je nach Alter können sie auch einen Schlitten und den Nikolaus dazumalen.